Once Upon a Time...: Bilingual French-English Stories for Kids

Artici Kids

Published by Artici Kids, 2024.

While every precaution has been taken in the preparation of this book, the publisher assumes no responsibility for errors or omissions, or for damages resulting from the use of the information contained herein.

ONCE UPON A TIME...: BILINGUAL FRENCH-ENGLISH STORIES FOR KIDS

First edition. June 6, 2024.

ISBN: 979-8227780386

Written by Artici Kids.

Table of Contents

Le Dragon Gourmand

———

Dans un royaume lointain, niché entre des montagnes escarpées et des forêts enchantées, vivait un dragon nommé Drago. Mais Drago n'était pas un dragon comme les autres. Non, Drago était un dragon gourmet. Tandis que les autres dragons crachaient du feu et effrayaient les villageois, Drago préférait passer ses journées à cuisiner et à déguster des mets délicieux.

Drago habitait une grotte confortable, remplie de casseroles en cuivre brillant, de marmites bouillonnantes, et d'étagères pleines de livres de recettes. Chaque matin, Drago partait en quête d'ingrédients spéciaux dans les marchés locaux, troquant des écailles de dragon magiques contre des épices rares et des herbes fines.

Un jour, en flânant dans le marché du village voisin, Drago entendit parler d'un ingrédient mystérieux : le miel d'or. Ce miel, disait-on, était produit par des abeilles magiques vivant au cœur de la Forêt Sombre, un endroit où même les dragons hésitaient à s'aventurer.

Déterminé à obtenir ce miel pour créer une nouvelle recette exquise, Drago enfourcha son balai (car oui, il avait aussi appris la sorcellerie culinaire) et s'envola vers la Forêt Sombre. La forêt était dense et sombre, mais Drago ne se laissa pas intimider. Il suivit les rayons de lumière dorée filtrant à travers les arbres, qui le menèrent directement à une clairière enchantée.

Là, au centre de la clairière, se trouvait une ruche immense et dorée, scintillant sous les rayons du soleil. Drago s'approcha doucement, de peur de déranger les abeilles. Soudain, la reine des abeilles, une créature majestueuse avec des ailes étincelantes, apparut devant lui.

« Que fais-tu ici, dragon ? » demanda la reine avec une voix douce mais autoritaire.

« Je suis venu chercher le miel d'or, » répondit Drago respectueusement. « J'ai entendu dire qu'il est le meilleur ingrédient pour des plats exceptionnels. »

La reine des abeilles sourit. « Le miel d'or est précieux et ne peut être donné qu'à ceux qui en sont dignes. Prouve-moi que tu es digne de ce trésor. »

Drago, passionné par la cuisine, proposa un marché à la reine. « Si je peux préparer un festin que vous et vos abeilles trouverez délicieux, me donnerez-vous un peu de ce miel ? »

La reine accepta le défi, curieuse de goûter les talents culinaires du dragon. Drago se mit immédiatement au travail, utilisant ses écailles pour râper des épices, son souffle de dragon pour allumer le feu et ses grandes ailes pour ventiler les plats fumants. Il concocta un banquet magique : une soupe de pétales de roses, des brochettes de fruits de la forêt, et une tarte aux baies avec une touche de cannelle dragon.

Les abeilles étaient en extase. Chaque bouchée était un délice, et la reine elle-même n'avait jamais goûté à quelque chose d'aussi merveilleux.

« Tu as prouvé ta valeur, Drago, » dit la reine des abeilles, émue par tant de saveurs. « Tu peux prendre autant de miel d'or que tu le souhaites. »

Drago remercia chaleureusement la reine et les abeilles, remplissant ses jarres du précieux miel doré. Il retourna ensuite dans sa grotte, où il passa des semaines à inventer de nouvelles recettes incroyables. Ses créations étaient si délicieuses que bientôt, des créatures de tout le royaume vinrent goûter à ses plats. Drago ouvrit même une petite école de cuisine, où il enseigna aux autres dragons et villageois l'art de la cuisine raffinée.

Et c'est ainsi que Drago, le dragon gourmet, devint célèbre non pour sa puissance ou son souffle de feu, mais pour sa passion et son talent culinaire. Le miel d'or transforma non seulement ses plats, mais aussi sa vie, apportant la paix et l'harmonie entre les dragons et les humains grâce à la magie de la cuisine.

The Gourmet Dragon

In a distant kingdom, nestled between steep mountains and enchanted forests, lived a dragon named Drago. But Drago was not like other dragons. No, Drago was a gourmet dragon. While other dragons breathed fire and scared villagers, Drago preferred to spend his days cooking and savoring delicious dishes.

Drago lived in a cozy cave, filled with shining copper pots, bubbling cauldrons, and shelves full of cookbooks. Every morning, Drago would venture out in search of special ingredients at the local markets, trading magical dragon scales for rare spices and fine herbs.

One day, while wandering through the market in a nearby village, Drago heard about a mysterious ingredient: golden honey. This honey, it was said, was produced by magical bees living in the heart of the Dark Forest, a place even dragons hesitated to enter.

Determined to get this honey for a new exquisite recipe, Drago mounted his broomstick (yes, he had also learned culinary sorcery) and flew to the Dark Forest. The forest was dense and dark, but Drago was undeterred. He followed the rays of golden light filtering through the trees, which led him straight to an enchanted clearing.

There, in the center of the clearing, stood a giant golden beehive, shimmering under the sun's rays. Drago approached gently, afraid of disturbing the bees. Suddenly, the queen bee, a majestic creature with sparkling wings, appeared before him.

"What are you doing here, dragon?" asked the queen in a soft but authoritative voice.

"I've come to seek the golden honey," Drago replied respectfully. "I've heard it's the best ingredient for exceptional dishes."

The queen bee smiled. "Golden honey is precious and can only be given to those who are worthy. Prove to me that you are worthy of this treasure."

Drago, passionate about cooking, proposed a deal to the queen. "If I can prepare a feast that you and your bees find delicious, will you give me some of this honey?"

The queen accepted the challenge, curious to taste the dragon's culinary skills. Drago immediately got to work, using his scales to grate spices, his dragon breath to light the fire, and his large wings to fan the steaming dishes. He concocted a magical banquet: rose petal soup, forest fruit skewers, and berry tart with a touch of dragon cinnamon.

The bees were ecstatic. Every bite was a delight, and the queen herself had never tasted anything so wonderful.

"You have proven your worth, Drago," said the queen bee, moved by such flavors. "You may take as much golden honey as you wish."

Drago warmly thanked the queen and the bees, filling his jars with the precious golden honey. He then returned to his cave, where he spent weeks inventing new incredible recipes. His creations were so delicious that soon, creatures from all over the kingdom came to taste his dishes. Drago even opened a small cooking school, where he taught other dragons and villagers the art of fine cuisine.

And so it was that Drago, the gourmet dragon, became famous not for his power or his fire breath, but for his passion and culinary talent. The golden honey transformed not only his dishes but also his life, bringing peace and harmony between dragons and humans through the magic of cooking.

L'Astronaute Aventureux

———

Dans une petite ville paisible, nichée au cœur de la campagne, vivait un garçon nommé Maxime. Maxime n'était pas un enfant comme les autres. Depuis son plus jeune âge, il rêvait de devenir astronaute et d'explorer l'espace. Chaque nuit, il levait les yeux vers les étoiles scintillantes, s'imaginant flotter parmi elles.

Maxime passait des heures dans sa chambre, remplie de posters de fusées et de planètes, à lire des livres sur les étoiles et les galaxies. Ses parents, bien qu'un peu inquiets de cette obsession, l'encourageaient toujours. « Si tu travailles dur et que tu crois en tes rêves, tu pourras accomplir de grandes choses, » lui disait souvent sa maman.

Un jour, alors que Maxime se promenait dans les champs derrière sa maison, il aperçut une lumière étrange au loin. Curieux, il s'approcha et découvrit une petite fusée argentée posée au milieu du champ. Elle était petite mais parfaitement formée, comme dans ses livres. Un panneau indiquait : « Prêt pour l'aventure ? Entrez ! »

Sans hésiter, Maxime grimpa dans la fusée. À l'intérieur, il trouva un cockpit avec des boutons colorés et un écran qui clignotait. Il appuya sur un gros bouton rouge marqué « DÉCOLLAGE » et, en un instant, la fusée s'éleva dans les airs. Les champs et les maisons devinrent minuscules sous lui, puis disparurent totalement alors qu'il pénétrait dans l'espace.

La fusée filait à travers l'univers, et Maxime était émerveillé par les planètes, les étoiles et les comètes qu'il voyait par le hublot. Soudain, une voix douce et métallique se fit entendre : « Bienvenue, Maxime. Je suis Zor, ton guide spatial. Nous allons explorer des mondes inconnus et vivre des aventures incroyables. »

Maxime était ravi. Son rêve devenait réalité. Zor lui montra comment piloter la fusée et bientôt, ils approchèrent de leur première destination : une planète toute bleue appelée Aquaria. En atterrissant, Maxime découvrit un monde couvert d'océans scintillants et peuplé de créatures marines étranges et merveilleuses.

Il rencontra des sirènes chantantes, des dauphins volants et des poissons lumineux. Les habitants d'Aquaria l'accueillirent chaleureusement et lui montrèrent leurs trésors sous-marins. Maxime apprit à nager comme une sirène et à communiquer avec les dauphins, découvrant des coraux colorés et des épaves de navires anciens.

Après avoir exploré Aquaria, Zor et Maxime remontèrent dans la fusée et s'envolèrent vers une nouvelle planète. Cette fois, ils atterrirent sur une planète verte et luxuriante appelée Floralia. Ici, les arbres étaient si hauts qu'ils semblaient toucher le ciel et les fleurs brillaient de mille couleurs éclatantes.

Maxime fit la connaissance des habitants de Floralia, des êtres gentils et sages appelés les Floraliens. Ils lui enseignèrent comment prendre soin des plantes et l'importance de respecter la nature. Maxime aida à planter de nouveaux arbres et découvrit des fruits délicieux qu'il n'avait jamais goûtés auparavant.

Leur aventure les mena ensuite sur une planète brillante et dorée appelée Lumina. Lumina était habitée par des créatures lumineuses qui semblaient faites de pure énergie. Maxime fut fasciné par leur capacité à voler et à illuminer tout ce qu'elles touchaient.

Les habitants de Lumina lui montrèrent comment créer des motifs lumineux dans le ciel nocturne, transformant la nuit en un spectacle étincelant. Maxime s'amusa à dessiner des étoiles filantes et des constellations brillantes avec ses nouveaux amis lumineux.

Alors qu'ils voyageaient d'une planète à l'autre, Maxime apprenait de nouvelles choses à chaque étape. Il découvrit la diversité de l'univers et l'importance de l'amitié et de la collaboration. Zor était toujours là pour le guider et l'encourager, rendant chaque moment encore plus spécial.

Finalement, après des semaines d'aventures incroyables, Zor expliqua à Maxime qu'il était temps de rentrer chez lui. Bien qu'un peu triste de quitter ses nouveaux amis, Maxime savait qu'il avait vécu des expériences que peu d'enfants pouvaient imaginer.

De retour sur Terre, la fusée atterrit doucement dans le champ derrière la maison de Maxime. Il sortit de la fusée, des étoiles plein les yeux, et courut raconter ses aventures à ses parents. Ils étaient émerveillés par ses récits de planètes lointaines et de créatures fantastiques.

Maxime n'oublia jamais ses voyages dans l'espace. Il continua à rêver des étoiles, mais il savait maintenant que l'univers était bien plus vaste et merveilleux qu'il ne l'avait jamais imaginé. Et chaque fois qu'il regardait le ciel nocturne, il se souvenait de ses amis sur Aquaria, Floralia, et Lumina, et du précieux guide spatial, Zor, qui avait rendu tout cela possible.

The Adventurous Astronaut

In a small peaceful town, nestled in the heart of the countryside, lived a boy named Max. Max was not like other children. From a young age, he dreamed of becoming an astronaut and exploring space. Every night, he would look up at the sparkling stars, imagining himself floating among them.

Max spent hours in his room, filled with posters of rockets and planets, reading books about stars and galaxies. His parents, though a bit worried about his obsession, always encouraged him. "If you work hard and believe in your dreams, you can achieve great things," his mother often told him.

One day, while Max was walking through the fields behind his house, he spotted a strange light in the distance. Curious, he approached and discovered a small silver rocket sitting in the middle of the field. It was small but perfectly formed, just like in his books. A sign read: "Ready for an adventure? Enter!"

Without hesitation, Max climbed into the rocket. Inside, he found a cockpit with colorful buttons and a flashing screen. He pressed a big red button labeled "LIFTOFF," and in an instant, the rocket soared into the sky. The fields and houses became tiny beneath him, then disappeared entirely as he entered space.

The rocket zoomed through the universe, and Max was amazed by the planets, stars, and comets he saw through the window. Suddenly, a soft metallic voice spoke: "Welcome, Max. I am Zor, your space guide. We are going to explore unknown worlds and have incredible adventures."

Max was thrilled. His dream was coming true. Zor showed him how to pilot the rocket, and soon they approached their first destination: a blue planet called Aquaria. Upon landing, Max discovered a world covered in shimmering oceans and inhabited by strange and wonderful marine creatures.

He met singing mermaids, flying dolphins, and glowing fish. The inhabitants of Aquaria welcomed him warmly and showed him their underwater treasures. Max learned to swim like a mermaid and communicate with the dolphins, discovering colorful corals and ancient shipwrecks.

After exploring Aquaria, Zor and Max climbed back into the rocket and flew to a new planet. This time, they landed on a lush green planet called Floralia. Here, the trees were so tall they seemed to touch the sky, and the flowers glowed with brilliant colors.

Max met the inhabitants of Floralia, kind and wise beings called Floralians. They taught him how to care for plants and the importance of respecting nature. Max helped plant new trees and discovered delicious fruits he had never tasted before.

Their adventure then took them to a bright golden planet called Lumina. Lumina was inhabited by luminous creatures that seemed made of pure energy. Max was fascinated by their ability to fly and light up everything they touched.

The inhabitants of Lumina showed him how to create luminous patterns in the night sky, turning the night into a sparkling spectacle. Max enjoyed drawing shooting stars and bright constellations with his new luminous friends.

As they traveled from one planet to another, Max learned new things at every step. He discovered the diversity of the universe and the importance of friendship and collaboration. Zor was always there to guide and encourage him, making each moment even more special.

Finally, after weeks of incredible adventures, Zor explained to Max that it was time to go home. Although a bit sad to leave his new friends, Max knew he had experienced things few children could imagine.

Back on Earth, the rocket landed gently in the field behind Max's house. He stepped out of the rocket, stars in his eyes, and ran to tell his parents about his adventures. They were amazed by his tales of distant planets and fantastic creatures.

Max never forgot his journeys in space. He continued to dream of the stars, but he now knew that the universe was far more vast and wonderful than he had ever imagined. And every time he looked at the night sky, he remembered his friends on Aquaria, Floralia, and Lumina, and the precious space guide, Zor, who had made it all possible.

La Fée Gâteau

Dans un petit village charmant, entouré de collines verdoyantes et de rivières scintillantes, vivait une petite fée appelée Félicie. Félicie n'était pas une fée comme les autres. Elle ne passait pas ses journées à lancer des sorts ou à jouer des tours. Non, Félicie était une fée gâteau. Elle avait le don de confectionner les gâteaux les plus délicieux et les plus magnifiques que l'on puisse imaginer.

La maison de Félicie se trouvait au cœur de la forêt enchantée, une maisonnette en pain d'épices décorée de bonbons colorés et de sucre glace. Chaque matin, Félicie se réveillait avec le chant des oiseaux et se mettait immédiatement à la tâche. Son atelier de pâtisserie était rempli d'ingrédients magiques : farine scintillante, œufs dorés, lait de licorne, et une infinité de fruits et de fleurs sucrées.

Un jour, alors que Félicie terminait un gâteau d'anniversaire spécial pour la petite Lili, une fillette du village, elle reçut une visite inattendue. Une grande fée majestueuse, vêtue d'une robe de lumière étoilée, apparut dans sa cuisine.

« Bonjour, Félicie, » dit la fée avec un sourire bienveillant. « Je suis la Reine des Fées et j'ai entendu parler de tes talents exceptionnels en pâtisserie. J'ai besoin de ton aide pour une mission très spéciale. »

Félicie, bien que surprise, écouta attentivement. La Reine des Fées lui expliqua que le grand bal annuel des fées allait bientôt avoir lieu, et que cette année, elle voulait offrir aux invités un gâteau extraordinaire, un gâteau qui serait le plus magnifique et le plus délicieux de tous les temps.

Honorée et excitée, Félicie accepta immédiatement. Elle se mit au travail sans tarder, déterminée à créer un chef-d'œuvre. Elle mélanga des ingrédients rares et précieux, en ajoutant une pincée de poussière d'étoile pour une touche magique, et décora le gâteau avec des fleurs de cristal et des fruits enchantés.

Pendant ce temps, les habitants du village remarquèrent une agitation inhabituelle autour de la maison de Félicie. Curieux et inquiets, ils décidèrent de lui rendre visite. Quand ils arrivèrent, ils furent accueillis par le doux parfum de vanille et de chocolat qui flottait dans l'air. Félicie, bien que très occupée, les invita à entrer et à goûter à quelques-uns de ses petits gâteaux.

Les villageois furent éblouis par la beauté et la saveur des créations de Félicie. Ils n'avaient jamais rien goûté de pareil. Enchantés, ils proposèrent leur aide pour préparer le grand gâteau. Chacun apporta quelque chose de spécial : du miel doré, des framboises sauvages, et même du lait frais de leurs vaches.

Avec l'aide de ses amis du village, Félicie travailla jour et nuit. Le gâteau grandissait et devenait de plus en plus magnifique. Il avait plusieurs étages, chacun décoré d'une manière unique : des roses en sucre, des cascades de caramel, et des sculptures en chocolat. Les fées du royaume, sentant l'odeur alléchante, commencèrent à arriver pour admirer le travail.

Enfin, le jour du grand bal arriva. La Reine des Fées vint chercher le gâteau, accompagnée d'un cortège de fées scintillantes. Félicie, épuisée mais heureuse, regarda avec fierté alors que son chef-d'œuvre était transporté vers le palais des fées.

À la fête, le gâteau fut dévoilé au son de la musique enchantée. Les invités, émerveillés, n'en croyaient pas leurs yeux. Ils dégustaient chaque morceau avec délectation, louant les talents extraordinaires de Félicie. La Reine des Fées prit Félicie à part et lui dit : « Grâce à toi, ce bal est le plus réussi de tous les temps. Tu as un don véritablement magique, Félicie. »

De retour au village, Félicie fut accueillie en héroïne. Les villageois l'acclamèrent et organisèrent une fête en son honneur. Félicie, bien que modeste, était ravie de voir combien son travail apportait de la joie aux autres.

Et ainsi, Félicie continua de créer des gâteaux merveilleux, mais cette fois avec une nouvelle aide : les villageois, qui avaient découvert leur propre passion pour la pâtisserie. Ensemble, ils confectionnèrent des délices qui firent du petit village une destination prisée par tous ceux qui aimaient les douceurs. Les gâteaux de Félicie devinrent célèbres dans tout le royaume, apportant bonheur et magie à tous ceux qui les goûtaient.

The Cake Fairy

In a charming little village, surrounded by rolling green hills and sparkling rivers, lived a little fairy named Felicity. Felicity was not like other fairies. She didn't spend her days casting spells or playing tricks. No, Felicity was a cake fairy. She had the gift of making the most delicious and beautiful cakes imaginable.

Felicity's home was in the heart of the enchanted forest, a gingerbread cottage decorated with colorful candies and icing sugar. Every morning, Felicity woke up to the singing of birds and immediately set to work. Her bakery workshop was filled with magical ingredients: sparkling flour, golden eggs, unicorn milk, and an endless array of sweet fruits and flowers.

One day, as Felicity was finishing a special birthday cake for little Lily, a girl from the village, she received an unexpected visit. A majestic fairy, dressed in a gown of starlight, appeared in her kitchen.

"Hello, Felicity," said the fairy with a kind smile. "I am the Fairy Queen, and I have heard of your exceptional baking talents. I need your help for a very special mission."

Felicity, though surprised, listened carefully. The Fairy Queen explained that the annual fairy ball was soon to take place, and this year, she wanted to present the guests with an extraordinary cake, one that would be the most magnificent and delicious of all time.

Honored and excited, Felicity accepted immediately. She got to work without delay, determined to create a masterpiece. She mixed rare and precious ingredients, adding a pinch of stardust for a magical touch, and decorated the cake with crystal flowers and enchanted fruits.

Meanwhile, the villagers noticed unusual activity around Felicity's house. Curious and concerned, they decided to visit her. When they arrived, they were greeted by the sweet aroma of vanilla and chocolate wafting through the air. Felicity, though very busy, invited them in and offered them some of her cupcakes.

The villagers were dazzled by the beauty and taste of Felicity's creations. They had never tasted anything like it. Enchanted, they offered their help to prepare the grand cake. Each brought something special: golden honey, wild raspberries, and even fresh milk from their cows.

With the help of her friends from the village, Felicity worked day and night. The cake grew and became more and more magnificent. It had several tiers, each uniquely decorated: sugar roses, caramel cascades, and chocolate sculptures. The fairies of the kingdom, drawn by the delicious scent, began to arrive to admire the work.

Finally, the day of the grand ball arrived. The Fairy Queen came to collect the cake, accompanied by a procession of sparkling fairies. Felicity, exhausted but happy, watched with pride as her masterpiece was carried to the fairy palace.

At the party, the cake was unveiled to the sound of enchanted music. The guests were amazed and could hardly believe their eyes. They savored each bite with delight, praising Felicity's extraordinary talents. The Fairy Queen took Felicity aside and said, "Thanks to you, this ball is the most successful ever. You truly have a magical gift, Felicity."

Back in the village, Felicity was welcomed as a heroine. The villagers cheered and organized a party in her honor. Felicity, though modest, was delighted to see how much her work brought joy to others.

And so, Felicity continued to create wonderful cakes, but this time with new help: the villagers, who had discovered their own passion for baking. Together, they made delights that made the little village a favorite destination for all who loved sweets. Felicity's cakes became famous throughout the kingdom, bringing happiness and magic to all who tasted them.

La Licorne Chanteuse

Au cœur d'une vaste prairie verdoyante, entourée de fleurs multicolores et de papillons virevoltants, vivait une licorne nommée Lulu. Mais Lulu n'était pas une licorne comme les autres. Non, Lulu était une licorne chanteuse. Elle avait une voix aussi douce que le murmure du vent et aussi puissante que le rugissement de l'océan.

Chaque matin, Lulu se réveillait au son du chant des oiseaux, et elle répondait en entonnant sa propre mélodie. Ses notes cristallines remplissaient la prairie de magie et de joie, attirant tous les animaux de la forêt pour l'écouter. Les lapins, les écureuils, et même les papillons se rassemblaient autour d'elle, captivés par sa musique enchanteresse.

Mais un jour, alors que Lulu se promenait dans la forêt, elle entendit un bruit étrange. C'était un bruit sombre et menaçant, qui semblait venir de loin. Inquiète, Lulu suivit le son jusqu'à un clairière cachée au cœur de la forêt. Là, elle découvrit une meute de loups, prêts à attaquer un petit oisillon qui avait échoué là.

Sans hésiter, Lulu se précipita au secours de l'oisillon. Elle se dressa devant les loups, sa corne étincelante brilla dans la lumière du soleil, et elle entonna une chanson douce et apaisante. Les loups furent captivés par sa voix et se calmèrent peu à peu, oubliant leur intention d'attaquer.

Lulu prit l'oisillon sous son aile et le ramena en sécurité dans la prairie. Depuis ce jour, elle était considérée comme la protectrice de la forêt, toujours prête à venir en aide à ceux qui en avaient besoin.

Mais un autre problème menaçait la paix de la prairie. Une sorcière maléfique nommée Morgana avait jeté un sort sur la forêt, plongeant tout dans l'obscurité et le silence. Les fleurs se fanèrent, les oiseaux cessèrent de chanter, et même le rire des enfants disparut.

Lulu savait qu'elle devait agir. Avec détermination, elle se mit à parcourir la forêt, chantant des mélodies magiques pour réveiller la nature endormie. Petit à petit, les fleurs commencèrent à éclore, les oiseaux reprirent leur chant, et la joie revint dans la prairie.

Mais Morgana n'allait pas abandonner si facilement. Elle envoya ses créatures sombres pour capturer Lulu et l'emmener dans son repaire maléfique. Lulu se retrouva enfermée dans une cage de cristal, impuissante face à la sorcière.

Mais Lulu ne perdit pas espoir. Elle se mit à chanter, sa voix pure et puissante résonnant dans les sombres couloirs du repaire. Son chant était si beau et si émouvant que même les créatures sombres de Morgana en furent touchées.

Et soudain, un miracle se produisit. La cage de cristal se fissura, libérant Lulu de sa prison. Avec un dernier chant magique, elle repoussa Morgana et ses créatures sombres, les renvoyant dans les ténèbres d'où ils venaient.

La lumière revint dans la prairie, et Lulu fut acclamée comme une héroïne. Les animaux de la forêt vinrent la féliciter, et les enfants du village organisèrent une fête en son honneur. Lulu avait sauvé la prairie grâce à sa voix et à son courage.

Et depuis ce jour, la prairie était remplie de musique et de joie, grâce à la licorne chanteuse, Lulu, qui continuait à enchanter tous ceux qui l'entendaient avec sa voix magique.

The Singing Unicorn

In the heart of a vast green meadow, surrounded by multicolored flowers and fluttering butterflies, lived a unicorn named Lulu. But Lulu was not like other unicorns. No, Lulu was a singing unicorn. She had a voice as soft as the whisper of the wind and as powerful as the roar of the ocean.

Every morning, Lulu woke up to the sound of birdsong, and she responded by singing her own melody. Her crystalline notes filled the meadow with magic and joy, attracting all the animals of the forest to listen. Rabbits, squirrels, and even butterflies gathered around her, captivated by her enchanting music.

But one day, as Lulu was walking through the forest, she heard a strange noise. It was a dark and menacing sound, coming from afar. Worried, Lulu followed the sound to a hidden clearing in the heart of the forest. There, she discovered a pack of wolves, ready to attack a little bird that had strayed there.

Without hesitation, Lulu rushed to the bird's rescue. She stood before the wolves, her sparkling horn gleaming in the sunlight, and sang a sweet and soothing song. The wolves were captivated by her voice and gradually calmed down, forgetting their intention to attack.

Lulu took the bird under her wing and brought it safely back to the meadow. From that day on, she was considered the protector of the forest, always ready to come to the aid of those in need.

But another problem threatened the peace of the meadow. An evil witch named Morgana had cast a spell on the forest, plunging everything into darkness and silence. Flowers withered, birds stopped singing, and even the laughter of children disappeared.

Lulu knew she had to act. With determination, she set out to roam the forest, singing magical melodies to awaken the sleeping nature. Little by little, flowers began to bloom, birds resumed their singing, and joy returned to the meadow.

But Morgana would not give up so easily. She sent her dark creatures to capture Lulu and take her to her evil lair. Lulu found herself locked in a crystal cage, helpless against the witch.

But Lulu did not lose hope. She began to sing, her pure and powerful voice echoing through the dark corridors of the lair. Her song was so beautiful and moving that even Morgana's dark creatures were touched by it.

And suddenly, a miracle happened. The crystal cage cracked, freeing Lulu from her prison. With one last magical song, she repelled Morgana and her dark creatures, sending them back into the darkness from whence they came.

Light returned to the meadow, and Lulu was hailed as a hero. The animals of the

forest came to congratulate her, and the children of the village organized a celebration in her honor. Lulu had saved the meadow with her voice and her courage.

And from that day on, the meadow was filled with music and joy, thanks to the singing unicorn, Lulu, who continued to enchant all who heard her with her magical voice.

Le Hérisson Endormi

Au cœur d'une paisible clairière, entourée de grands arbres et de buissons fleuris, vivait un petit hérisson nommé Hugo. Mais Hugo n'était pas un hérisson comme les autres. Non, Hugo était un hérisson très somnolent. Il aimait dormir plus que tout au monde, et il passait la plupart de ses journées enroulé dans une boule de piquants, ronflant doucement sous le soleil chaud.

Les autres animaux de la forêt ne savaient jamais quand ils allaient croiser Hugo. Parfois, il se réveillait pour une courte promenade nocturne, mais la plupart du temps, il restait endormi dans son terrier douillet. Ses amis le taquinaient souvent, disant qu'il pourrait dormir à travers une tempête de neige ou même un concert de rock, mais Hugo ne s'en souciait pas. Il aimait simplement se laisser emporter par les doux rêves qui l'attendaient chaque fois qu'il fermait les yeux.

Un jour, alors que la forêt était plongée dans le sommeil de l'après-midi, un bruit étrange réveilla Hugo de son profond sommeil. Il se frotta les yeux ensommeillés et regarda autour de lui, se demandant ce qui pouvait bien le déranger. C'était un petit oiseau bleu, tout ébouriffé et agité, qui sautillait devant son terrier.

« Hugo, réveille-toi ! » cria l'oiseau. « Il y a une grande fête dans la forêt, et tout le monde t'attend ! »

Hugo bailla et cligna des yeux. Une fête ? Mais il était si fatigué, et il ne se sentait pas du tout prêt à se lever. Il essaya de se rendormir, mais l'oiseau bleu continuait de sautiller autour de lui, insistant pour qu'il se lève.

Finalement, Hugo céda. Il sortit lentement de son terrier, les yeux à moitié fermés, et suivit l'oiseau bleu à travers la forêt. Les arbres semblaient danser autour de lui, et le soleil chaud chatouillait son nez endormi. Il se demanda ce qui pouvait bien se passer.

Quand ils arrivèrent à la clairière, Hugo fut étonné par ce qu'il vit. Tous les animaux de la forêt étaient là, en train de danser et de chanter, et il y avait des guirlandes colorées et des lanternes scintillantes partout. C'était la plus grande fête qu'il avait jamais vue, et elle avait été organisée en son honneur !

Les amis de Hugo le tirèrent sur la piste de danse, essayant de le réveiller complètement. Mais Hugo se sentait toujours somnolent. Il essaya de suivre le rythme de la musique, mais ses pas étaient lourds et maladroits. Il trébucha et tomba, s'emmêlant dans ses propres pattes.

Soudain, un vieil hibou sage s'approcha de lui, un sourire malicieux sur le visage. « Hugo, mon ami, » dit-il doucement, « tu n'as pas besoin de danser pour être apprécié. Chacun a son propre rythme, et le tien, c'est celui du sommeil. »

Hugo regarda autour de lui, réalisant que ses amis étaient tous différents, mais qu'ils s'aimaient malgré tout. Il se sentit soudain moins seul, moins différent.

Il sourit et se laissa tomber sur le sol moelleux, s'enroulant en boule de piquants. « Je pense que je vais juste regarder la fête de là, » dit-il d'une voix ensommeillée.

Et c'est exactement ce qu'il fit. Il regarda ses amis danser et chanter, et il sentit son cœur se remplir de chaleur et de bonheur. Peu à peu, il se laissa emporter par la musique douce et les rires joyeux, et il s'endormit paisiblement, sachant qu'il était aimé et accepté, exactement comme il était.

Les autres animaux de la forêt vinrent s'asseoir autour de lui, veillant sur son sommeil paisible. Et quand la fête se termina et que les étoiles scintillèrent dans le ciel, ils portèrent doucement Hugo jusqu'à son terrier, le laissant se reposer en paix sous la lueur argentée de la lune.

The Sleepy Hedgehog

In the heart of a peaceful clearing, surrounded by tall trees and blooming bushes, lived a little hedgehog named Hugo. But Hugo was not like other hedgehogs. No, Hugo was a very sleepy hedgehog. He loved sleeping more than anything else in the world, and he spent most of his days curled up in a ball of spikes, snoring softly under the warm sun.

The other animals of the forest never knew when they would come across Hugo. Sometimes, he would wake up for a short nighttime stroll, but most of the time, he remained asleep in his cozy burrow. His friends often teased him, saying he could sleep through a snowstorm or even a rock concert, but Hugo didn't care. He simply loved to be carried away by the sweet dreams that awaited him every time he closed his eyes.

One day, as the forest was plunged into the afternoon's sleep, a strange noise woke Hugo from his deep slumber. He rubbed his sleepy eyes and looked around, wondering what could be bothering him. It was a little blue bird, all ruffled and agitated, hopping in front of his burrow.

"Hugo, wake up!" cried the bird. "There's a big party in the forest, and everyone's waiting for you!"

Hugo yawned and blinked. A party? But he was so tired, and he didn't feel ready to get up at all. He tried to go back to sleep, but the blue bird kept hopping around him, insisting that he get up.

Finally, Hugo gave in. He slowly emerged from his burrow, his eyes half-closed, and followed the blue bird through the forest. The trees seemed to dance around him, and the warm sun tickled his sleepy nose. He wondered what could be happening.

When they arrived at the clearing, Hugo was amazed by what he saw. All the animals of the forest were there, dancing and singing, and there were colorful garlands and twinkling lanterns everywhere. It was the biggest party he had ever seen, and it had been organized in his honor!

Hugo's friends pulled him onto the dance floor, trying to fully wake him up. But Hugo still felt sleepy. He tried to keep up with the rhythm of the music, but his steps were heavy and clumsy. He stumbled and fell, getting tangled in his own feet.

Suddenly, an old, wise owl approached him, a mischievous smile on his face. "Hugo, my friend," he said gently, "you don't need to dance to be appreciated. Everyone has their own rhythm, and yours is that of sleep."

Hugo looked around, realizing that his friends were all different, but they loved each other nonetheless. He suddenly felt less alone, less different.

He smiled and dropped to the soft ground, curling up into a ball of spikes. "I think I'll just watch the party from here," he said sleepily.

And that's exactly what he did. He watched his friends dance and sing, and he felt his heart fill with warmth and happiness. Gradually, he was carried away by the sweet music and joyful laughter, and he fell asleep peacefully, knowing that he was loved and accepted, just as he was.

The other animals of the forest came to sit around him, watching over his peaceful sleep. And when the party ended and the stars twinkled in the sky, they gently carried Hugo back to his burrow, letting him rest in peace under the silver glow of the moon.

Le Ballon d'Air Chaud Aventurier

Dans un petit village pittoresque, niché au pied des montagnes, vivait un garçon nommé Léo. Léo était un rêveur audacieux, toujours en quête d'aventure et de nouvelles découvertes. Son plus grand rêve était de voler, de s'envoler dans les cieux comme un oiseau libre.

Un jour, alors qu'il explorait le grenier poussiéreux de sa grand-mère, Léo découvrit un vieux livre poussiéreux. Sur la couverture jaunie, il y avait une image d'un magnifique ballon d'air chaud, flottant dans le ciel étoilé. Léo était fasciné. Il dévora chaque mot du livre, absorbant chaque détail sur les ballons d'air chaud et leur capacité à voyager dans les airs.

Inspiré par ce qu'il avait lu, Léo décida de construire son propre ballon d'air chaud. Il rassembla du tissu coloré, des cordes solides et un brûleur puissant, et se mit au travail dans le jardin de sa grand-mère. Ses amis du village se moquèrent de lui au début, pensant que son idée était folle, mais Léo était déterminé à prouver qu'il avait raison.

Après des jours et des nuits de travail acharné, le ballon d'air chaud d'Léo était enfin prêt. Il était magnifique, avec ses couleurs vives et son panier en osier tressé. Léo était si excité qu'il pouvait à peine tenir en place. Il savait que c'était son moment de briller, son moment de réaliser son rêve de voler.

Au lever du soleil, Léo et ses amis du village se rassemblèrent sur le terrain près de la rivière. Le ballon d'air chaud était prêt à décoller, les flammes du brûleur dansant joyeusement dans le vent du matin. Léo monta dans le panier, son cœur battant la chamade d'excitation.

« Bon voyage, Léo ! » crièrent ses amis en bas.

Léo tira sur la corde, et le ballon s'éleva lentement dans le ciel. Il était enfin en train de voler, de flotter dans les nuages comme il l'avait toujours imaginé. Le village devint de plus en plus petit en dessous de lui, et bientôt, il ne put plus le voir du tout. Il était seul dans les cieux, avec seulement les oiseaux pour compagnie.

Mais alors qu'il atteignait les sommets des montagnes, Léo se rendit compte qu'il n'était pas seul du tout. Un groupe de nuages flottait paisiblement autour de lui, et il pouvait entendre le doux murmure du vent à ses oreilles. Il se sentait libre, léger, comme s'il faisait partie du ciel lui-même.

Léo voyagea toute la journée, découvrant des paysages époustouflants et des vues à couper le souffle. Il survola des champs verdoyants, des rivières scintillantes et même une forêt dense remplie d'arbres mystérieux. Il se sentait comme un explorateur intrépide, découvrant un nouveau monde à chaque tournant.

Mais alors que le soleil commençait à se coucher à l'horizon, Léo réalisa qu'il devait bientôt rentrer chez lui. Il tira sur la corde pour descendre, mais rien ne se passa. Il tira encore plus fort, mais le ballon d'air chaud refusa de descendre. Léo commença à paniquer. Que se passait-il ? Pourquoi le ballon ne répondait-il pas ?

Puis il entendit un bruit étrange, un sifflement aigu. Il regarda vers le bas et vit que le brûleur du ballon était en train de s'éteindre. Il avait presque épuisé tout son carburant, et bientôt, il n'y aurait plus assez de flamme pour maintenir le ballon en l'air.

Léo sentit la panique monter en lui. Il regarda autour de lui, cherchant désespérément un endroit où atterrir, mais il n'y avait que des montagnes et des rochers à perte de vue. Il était coincé, piégé dans les airs avec nulle part où aller.

Soudain, il eut une idée. Il avait lu dans son livre que les ballons d'air chaud pouvaient être dirigés en ajustant leur altitude. Peut-être qu'il pourrait utiliser cette technique pour trouver un courant d'air ascendant qui le remonterait dans le ciel, où il pourrait trouver de nouvelles sources de chaleur pour raviver le brûleur.

Avec une détermination farouche, Léo tira sur les cordes du ballon, les faisant monter et descendre dans les airs. Il se laissa guider par le vent, écoutant attentivement le bruissement des feuilles et le murmure du vent. Et soudain, il sentit une brise fraîche souffler contre son visage. C'était un courant d'air ascendant !

Sans hésiter, Léo dirigea le ballon vers le courant d'air, sentant le panier s'élever dans les cieux. Il regarda avec espoir alors que le brûleur s'allumait à nouveau, ravivé par la nouvelle source de chaleur. Le ballon reprit son ascension, flottant de nouveau dans les nuages comme un vaisseau céleste.

Finalement, Léo retrouva sa route vers le village, guidé par les étoiles étincelantes dans le ciel nocturne. Il atterrit en douceur sur le terrain près de la rivière, juste à temps pour voir le soleil se lever à l'horizon. Ses amis l'attendaient là, les yeux brillants d'admiration et de joie.

« Tu as réalisé ton rêve, Léo ! » s'exclamèrent-ils en le serrant dans leurs bras.

Léo sourit, le cœur léger. Oui, il avait réalisé son rêve, mais il avait aussi découvert quelque chose de plus important : la force du courage, de la persévérance et de la détermination. Et avec ces précieux cadeaux, il savait qu'il pourrait accomplir n'importe quoi dans la vie.

The Adventurous Hot Air Balloon

In a quaint little village nestled at the foot of the mountains, lived a boy named Leo. Leo was a daring dreamer, always in search of adventure and new discoveries. His greatest dream was to fly, to soar through the skies like a free bird.

One day, while exploring his grandmother's dusty attic, Leo stumbled upon an old, dusty book. On the yellowed cover was an image of a magnificent hot air balloon, floating in the starry sky. Leo was fascinated. He devoured every word of the book, absorbing every detail about hot air balloons and their ability to travel through the air.

Inspired by what he had read, Leo decided to build his own hot air balloon. He gathered colorful fabric, sturdy ropes, and a powerful burner, and set to work in his grandmother's garden. His friends from the village laughed at him at first, thinking his idea was crazy, but Leo was determined to prove them wrong.

After days and nights of hard work, Leo's hot air balloon was finally ready. It was beautiful, with its vibrant colors and woven wicker basket. Leo was so excited he could barely contain himself. He knew this was his moment to shine, his moment to fulfill his dream of flying.

At sunrise, Leo and his friends from the village gathered on the field near the river. The hot air balloon was ready to take off, its flames dancing joyfully in the morning breeze. Leo climbed into the basket, his heart pounding with excitement.

"Bon voyage, Leo!" shouted his friends below.

Leo pulled the rope, and the balloon rose slowly into the sky. He was finally flying, floating among the clouds as he had always imagined. The village grew smaller and smaller below him, and soon he couldn't see it at all. He was alone in the skies, with only the birds for company.

But as he reached the peaks of the mountains, Leo realized he was not alone at all. A group of clouds floated peacefully around him, and he could hear the gentle whisper of the wind in his ears. He felt free, light, as if he were a part of the sky itself.

Leo traveled all day, discovering breathtaking landscapes and views. He flew over lush green fields, sparkling rivers, and even a dense forest filled with mysterious trees. He felt like a fearless explorer, uncovering a new world at every turn.

But as the sun began to set on the horizon, Leo realized he needed to head home soon. He pulled the rope to descend, but nothing happened. He pulled even harder, but the hot air balloon refused to come down. Leo started to panic. What was happening? Why wasn't the balloon responding?

Then he heard a strange noise, a high-pitched hissing. He looked down and saw that the burner of the balloon was going out. It had almost depleted all its fuel, and soon there wouldn't be enough flame to keep the balloon in the air.

Leo felt panic rising within him. He looked around, desperately searching for a place to land, but there were only mountains and rocks as far as the eye could see. He was stuck, trapped in the air with nowhere to go.

Suddenly, he had an idea. He had read in his book that hot air balloons could be steered by adjusting their altitude. Maybe he could use this technique to find an updraft that would lift him back into the sky, where he could find new sources of heat to reignite the burner.

With fierce determination, Leo pulled on the ropes of the balloon, making it rise and fall in the air. He let himself be guided by the wind, listening carefully to the rustle of leaves and the murmur of the wind. And suddenly, he felt a cool breeze blowing against his face. It was an updraft!

Without hesitation, Leo directed the balloon toward the updraft, feeling the basket rise into the sky. He watched hopefully as the burner lit up again, revived by the new source of heat. The balloon resumed its ascent, floating once again in the clouds like a celestial vessel.

Finally, Leo found his way back to the village, guided by the sparkling stars in the night sky. He landed gently on the field near the river, just in time to see the sun rise on the horizon. His friends were waiting there, their eyes shining with admiration and joy.

"You've achieved your dream, Leo!" they exclaimed as they hugged him tightly.

Leo smiled, his heart light. Yes, he had achieved his dream, but he had also discovered something more important: the strength of courage, perseverance, and determination. And with these precious gifts, he knew he could accomplish anything in life.

Le Livre Magique de Léon

Dans un petit village pittoresque au cœur de la campagne française, vivait un garçon nommé Léon. Léon était un garçon ordinaire, avec des cheveux ébouriffés et un sourire espiègle qui illuminait son visage. Mais un jour, alors qu'il explorait le grenier poussiéreux de sa grand-mère, Léon découvrit un vieux livre oublié caché derrière une pile de boîtes.

Le livre avait l'air ordinaire à première vue, avec sa couverture usée et ses pages jaunies par le temps. Mais quand Léon l'ouvrit, il découvrit quelque chose de magique à l'intérieur. Les mots sur les pages semblaient danser et tourbillonner, et chaque histoire qu'il lisait prenait vie devant ses yeux émerveillés.

Léon passait des heures à lire le livre magique, plongeant dans des aventures fantastiques et des mondes enchantés. Il découvrit des royaumes peuplés de dragons cracheurs de feu, des forêts enchantées remplies de fées et des océans infinis où des sirènes chantaient des mélodies envoûtantes.

Mais ce n'était pas tout. Le livre magique de Léon avait un pouvoir encore plus extraordinaire. Chaque fois qu'il tournait une page, une nouvelle histoire apparaissait, écrite spécialement pour lui. Il pouvait être un chevalier courageux affrontant un sorcier maléfique un jour, et un explorateur intrépide découvrant un trésor caché le lendemain.

Léon était ravi par ce don magique, mais il savait aussi qu'il devait être prudent. Il ne voulait pas que le livre tombe entre de mauvaises mains, alors il le garda caché dans son sac à dos, ne le sortant que lorsque personne d'autre ne pouvait le voir.

Un jour, alors qu'il lisait une nouvelle histoire passionnante sur les aventures d'un jeune magicien, Léon entendit un bruit étrange derrière lui. Il se retourna et vit un groupe d'enfants du village qui le regardaient avec envie.

« Qu'est-ce que tu lis, Léon ? » demanda l'un des enfants.

Léon hésita, ne voulant pas partager son secret avec les autres. Mais les enfants insistaient, et bientôt, ils se rassemblèrent autour de lui, attendant avec impatience de voir le livre magique.

Finalement, Léon céda. Il ouvrit le livre et commença à lire une histoire sur un groupe d'enfants qui découvraient un trésor caché dans une grotte mystérieuse. Les autres enfants étaient captivés, leurs yeux brillants d'excitation alors qu'ils imaginaient les aventures des personnages.

Mais alors que Léon tournait la page pour continuer l'histoire, quelque chose d'étrange se produisit. Le livre commença à trembler entre ses mains, et soudain, un éclair de lumière jaillit des pages. Quand la lumière s'estompa, le livre avait disparu, laissant Léon et les autres enfants perplexes.

Pendant un moment, personne ne dit rien. Puis, un des enfants éclata de rire, pensant que c'était une blague. Mais quand ils réalisèrent que le livre était vraiment parti, une vague de panique s'empara du groupe.

Léon se sentait coupable. Il aurait dû être plus prudent, il aurait dû garder le livre pour lui seul. Maintenant, il avait disparu, emportant avec lui toutes les histoires magiques qu'il contenait.

Mais alors que les enfants commençaient à partir, un étrange bruit se fit entendre derrière eux. Ils se retournèrent et virent une lueur faible émanant d'un buisson près de la rivière. Intrigués, ils s'approchèrent et découvrirent le livre magique, posé sur une pierre plate.

Léon prit le livre dans ses mains tremblantes, se demandant comment il était revenu. Mais avant qu'il ne puisse poser des questions, une voix douce retentit dans sa tête.

« Léon, tu as découvert le véritable pouvoir du livre magique : celui de partager les histoires avec ceux qui en ont besoin. Tu as choisi de partager tes aventures avec tes amis, et pour cela, je te suis reconnaissant. Continue à utiliser le livre pour répandre la magie et la joie dans le monde, et il te guidera toujours. »

Léon sourit, sentant son cœur se remplir de gratitude. Il savait maintenant que le livre magique était bien plus qu'un simple objet. C'était un cadeau précieux, une source infinie d'aventures et d'imagination, à partager avec ceux qu'il aimait.

Depuis ce jour, Léon et ses amis ont continué à lire les histoires du livre magique, créant de nouveaux souvenirs et découvrant de nouveaux mondes ensemble. Et chaque fois qu'ils tournaient une page, ils savaient qu'ils étaient sur le point de vivre une nouvelle aventure extraordinaire, écrite spécialement pour eux.

The Magical Book of Léon

In a quaint village nestled in the heart of the French countryside lived a boy named Léon. Léon was an ordinary boy, with tousled hair and a mis

chievous smile that lit up his face. But one day, while exploring his grandmother's dusty attic, Léon stumbled upon a forgotten old book hidden behind a stack of boxes.

The book appeared ordinary at first glance, with its worn cover and pages yellowed with time. But as Léon opened it, he discovered something magical inside. The words on the pages seemed to dance and swirl, and every story he read came to life before his awestruck eyes.

Léon spent hours reading the magical book, immersing himself in fantastical adventures and enchanted worlds. He discovered kingdoms inhabited by fire-breathing dragons, enchanted forests teeming with fairies, and endless oceans where mermaids sang haunting melodies.

But that wasn't all. Léon's magical book had an even more extraordinary power. Every time he turned a page, a new story would appear, written especially for him. One day he could be a brave knight facing off against an evil sorcerer, and the next he could be a fearless explorer uncovering a hidden treasure.

Léon was delighted by this magical gift, but he also knew he had to be careful. He didn't want the book to fall into the wrong hands, so he kept it hidden in his backpack, only taking it out when no one else could see.

One day, while reading an exciting new story about the adventures of a young magician, Léon heard a strange noise behind him. He turned around and saw a group of village children looking at him with envy.

"What are you reading, Léon?" one of the children asked.

Léon hesitated, not wanting to share his secret with the others. But the children insisted, and soon they were gathered around him, eagerly waiting to see the magical book.

Finally, Léon relented. He opened the book and began reading a story about a group of children who discovered a hidden treasure in a mysterious cave. The other children were captivated, their eyes shining with excitement as they imagined the adventures of the characters.

But as Léon turned the page to continue the story, something strange happened. The book began to tremble in his hands, and suddenly, a flash of light burst from the pages. When the light faded, the book was gone, leaving Léon and the other children perplexed.

For a moment, no one said anything. Then, one of the children burst into laughter, thinking it was a joke. But when they realized the book was really gone, a wave of panic swept over the group.

Léon felt guilty. He should have been more careful; he should have kept the book to himself. Now it was gone, taking with it all the magical stories it contained.

But as the children began to leave, a strange sound came from behind them. They turned around and saw a faint glow emanating from a bush near the river. Intrigued, they approached and discovered the magical book, placed on a flat stone.

Léon picked up the book with trembling hands, wondering how it had returned. But before he could ask any questions, a soft voice echoed in his head.

"Léon, you have discovered the true power of the magical book: the power to share stories with those who need them. You chose to share your adventures with your friends, and for that, I am grateful. Continue to use the book to spread magic and joy in the world, and it will always guide you."

Léon smiled, feeling his heart fill with gratitude. He now knew that the magical book was much more than just an object. It was a precious gift, an endless source of adventure and imagination, to be shared with those he loved.

From that day on, Léon and his friends continued to read the stories from the magical book, creating new memories and discovering new worlds together. And every time they turned a page, they knew they were about to embark on a new extraordinary adventure, written especially for them.

Les Aventures Extraordinaires de Félix le Chat

Dans un petit village au bord de la mer, vivait un chat pas comme les autres. Son nom était Félix, et il était connu pour être le félin le plus intrépide de tout le quartier. Avec ses yeux verts étincelants et son pelage noir comme la nuit, Félix était une véritable boule d'énergie, toujours prêt à partir à l'aventure.

Mais Félix n'était pas un chat ordinaire. Non seulement il pouvait parler, mais il avait également un don extraordinaire : il pouvait voler. Oui, vous avez bien lu. Félix avait des ailes secrètes cachées sous son pelage, qui lui permettaient de s'envoler dans le ciel comme un oiseau.

Maintenant, vous vous demandez probablement comment un chat a obtenu de telles capacités. Eh bien, c'est une histoire intéressante. Félix était né dans une famille de chats de gouttière ordinaires, mais un jour, alors qu'il explorait les ruelles du village, il était tombé sur une vieille sorcière excentrique qui lui avait jeté un sort.

Le sort aurait dû transformer Félix en raton laveur, mais grâce à un coup de chance (ou peut-être à cause de sa nature courageuse), le sort avait plutôt donné à Félix le pouvoir de voler. Depuis lors, il avait passé ses journées à parcourir les cieux, explorant de nouveaux horizons et vivant des aventures palpitantes.

Un jour, alors qu'il survolait la plage, Félix entendit un cri désespéré venant de la jetée. Il descendit en piqué pour voir ce qui se passait et découvrit une mouette prise au piège dans un filet de pêche.

Sans hésiter, Félix plongea vers la mouette, utilisant ses griffes pour déchirer le filet et la libérer. La mouette battit des ailes de gratitude avant de s'envoler dans le ciel, laissant Félix se sentir fier de son acte héroïque.

Mais alors qu'il se préparait à reprendre son vol, Félix entendit un autre cri de détresse, cette fois-ci provenant de la mer. Il se tourna et vit un petit poisson rouge qui se débattait dans une flaque laissée par la marée basse.

Sans réfléchir, Félix sauta dans l'eau et nagea jusqu'au poisson, le saisissant délicatement dans sa gueule. Il le déposa sur le sable chaud, où le poisson frétillait de bonheur avant de retourner dans les profondeurs de l'océan.

Félix sortit de l'eau, secouant son pelage mouillé, et s'envola à nouveau dans le ciel, le cœur léger et l'esprit rempli d'aventure.

Au fil des jours, Félix continua à parcourir le village et ses environs, toujours prêt à aider ceux qui en avaient besoin. Que ce soit en sauvant un oiseau tombé du nid, en retrouvant un trésor perdu dans les bois, ou en aidant un enfant à retrouver son chemin chez lui, Félix était toujours là pour rendre service.

The Extraordinary Adventures of Felix the Cat

In a small village by the sea lived a cat like no other. His name was Felix, and he was known to be the most fearless feline in the neighborhood. With his sparkling green eyes and fur as black as night, Felix was a true ball of energy, always ready to embark on an adventure.

But Felix was no ordinary cat. Not only could he talk, but he also had an extraordinary gift: he could fly. Yes, you read that right. Felix had secret wings hidden beneath his fur, which allowed him to soar through the sky like a bird.

Now, you're probably wondering how a cat obtained such abilities. Well, it's an interesting story. Felix was born into a family of ordinary alley cats, but one day, while exploring the village alleys, he stumbled upon an eccentric old witch who cast a spell on him.

The spell was supposed to turn Felix into a raccoon, but thanks to a stroke of luck (or perhaps because of his brave nature), the spell instead granted Felix the power of flight. Since then, he had spent his days soaring through the skies, exploring new horizons, and living thrilling adventures.

One day, as he flew over the beach, Felix heard a desperate cry coming from the pier. He swooped down to see what was happening and found a seagull trapped in a fishing net.

Without hesitation, Felix dove towards the seagull, using his claws to tear the net and set it free. The seagull flapped its wings in gratitude before soaring into the sky, leaving Felix feeling proud of his heroic deed.

But as he prepared to take flight again, Felix heard another cry for help, this time coming from the sea. He turned and saw a small goldfish struggling in a puddle left by the low tide.

Without a second thought, Felix leaped into the water and swam to the goldfish, gently grasping it in his mouth. He deposited it on the warm sand, where the goldfish wriggled with joy before returning to the depths of the ocean.

Felix emerged from the water, shaking his wet fur, and took flight once again into the sky, his heart light and his mind filled with adventure.

Over the days, Felix continued to traverse the village and its surroundings, always ready to help those in need. Whether it was saving a bird fallen from its nest, finding a lost treasure in the woods, or helping a child find their way home, Felix was always there to lend a hand.